TRANSFIGURAÇÃO e TRANSMUTAÇÃO

TRANSFIGURAÇÃO e TRANSMUTAÇÃO

O processo de surgimento de um novo tipo humano

Francisco Casanueva Freijo
Equipe de pesquisa do CER
(Centro de Estudos Rosacruz)

1ª edição
2018

Pentagrama publicações

Padre Rico, 8, bjo, dcha.
46008 Valencia (Espanha)
www.fundacionrosacruz.org
secretaria@fundacionrosacruz.org

Título original: Transfiguración y Transmutación
Tradução da 1ª edição espanhola de 2011
Tradutora: Maria de Lourdes Simões Parente
Revisão: José de Jesus, Neusa M. Messias de Soliz
Diagramação: Flávio Gomes Duarte

2018
Impresso no Brasil

Dados Internacionais de Catalogação na Publicação (CIP)
(Câmara Brasileira do Livro, SP, Brasil)

Casanueva Freijo, Francisco
Transfiguração e transmutação : o processo de surgimento de um novo tipo humano / Francisco Casanueva Freijo ; tradução Maria de Lourdes Simões Parente. -- 1. ed. -- Jarinu, SP : Pentagrama Publicações, 2018.

Título original: Transfiguración y transmutación.
ISBN 978-85-67992-81-5

1. Autoconhecimento 2. Cristianismo 3. Espiritualidade 4. Gnosticismo 5. Rosacrucianismo I. Parente, Maria de Lourdes Simões. II. Título.

18-12273 CDD-135.43

Índices para catálogo sistemático:
1. Transfiguração e transmutação : Rosacrucianismo : Esoterismo 135.43

Caixa Postal 39 – CEP 13240-000 Jarinu – SP – Brasil
Tel. (11) 4016.1817 – fax (11) 4016.3405
www.pentagrama.org.br
livros@pentagrama.org.br

SUMÁRIO

I
A MONTANHA DO ESPÍRITO

Introdução ao capítulo I
A montanha do Espírito

Para a Escola Espiritual da Rosacruz Áurea, falar sobre seus objetivos é relativamente simples, pois expor que se trata de chegar ao estado de vida da imortalidade, a um estado de consciência livre de qualquer forma de ilusão e a uma superação positiva de qualquer forma de medo, preocupação e ansiedade, é algo fácil e compreensível. Além disso, quem discordaria de que estas são as melhores metas possíveis? Quem preferiria a morte à vida, o medo à felicidade?

Porém, já não existem neste planeta muitos, muitíssimos grupos que propõem metas semelhantes?

A questão, portanto, não é expor apenas os objetivos, mas sobretudo os meios ou modos de atingi-los. Por mais sublime que um objetivo possa ser, se não for realizável na prática, de que adianta propô-lo?

Na nossa opinião, propor objetivos irrealizáveis, ou melhor, propor objetivos corretos, a serem atingidos por métodos errôneos, inadequados ou inviáveis, somente causa infelicidade e ansiedade. Por isso, consideramos tão importante apresentar, por meio deste livro, uma abordagem do método essencial da Rosacruz Áurea.

Uma das razões é que, em nossa época, nós, seres humanos, desenvolvemos uma extrema capacidade lógico-analítica e, assim, deixamos pelo caminho grande parte de nossa capacidade intuitiva, senão a totalidade e perdemos completamente o sentido mágico da vida.

Como consequência, tornou-se impossível decidir-nos a empreender algo, a assumir algo, ou simplesmente a simpatizar com algo que não sejamos capazes de entender com o intelecto.

Além disso, não basta o intelecto estabelecer que algo seja correto para nos sintonizarmos com a ideia. Para isso acontecer, será necessário que também o coração, a estrutura fundamental de nossos sentimentos, aceite igualmente a verdade do que foi proposto. E ele o fará segundo sua própria "lógica", geralmente incompreensível para o intelecto.

Por último, será necessário que a vontade, a fonte essencial de nossa energia vital, mobilize-se de forma adequada e perseverante, com intenção e orientação firmes e puras.

Este circuito triangular – compreensão racional, sentimento e vontade – é, portanto, o mecanismo central de nossa vida. Por isso, a Rosa-Cruz propõe um processo inicial que também é tríplice. Nós o denominamos "os três primeiros degraus da Gnosis quíntupla".

Deduz-se que o quarto degrau é a prática, em si, e o quinto, a realização da meta.

Na Escola da Rosacruz Áurea, concentramo-nos, portanto, nos três primeiros degraus, e neste capítulo vamos dedicar-nos ao primeiro: o da compreensão racional ou discernimento relativo ao método da Escola Espiritual.

Antes de concluir esta introdução, queremos sublinhar um aspecto essencial.

Geralmente, quando se fala de método, faz-se alusão a uma série de técnicas, práticas e exercícios. Assim, entende-se que fazendo isto e aquilo, e estudando-se tanto e quanto, alcança-se o objetivo proposto. Muitas vezes, para torná-lo mais atraente, acrescenta-se que a meta será atingida "sem esforço".

Pois bem, o método da Rosa-Cruz é um método que exige esforço, que não é fácil e requer o emprego da maior quantidade de tempo disponível, ou seja: toda a vida.

Como o leitor pode apreciar, desde o começo queremos deixar bem claro que, neste livro, sempre se falará com total transparência.

Conquistar um estado de vida tão elevado, ou pelo menos aproximar-se dele tanto quanto possível, não é assunto que deve ser encarado como diversão durante o lazer.

Sabemos por experiência: quanto mais elevado for o objetivo que se pretende alcançar, maior será o esforço e o tempo que deverá ser-lhe dedicado.

E esse é o nosso caso. No entanto, uma vez dito isso, devemos acrescentar que a atividade que conduz à meta da Rosa-Cruz não requer nada especial. Nós, que estamos nessa prática, temos uma forma de vida normal: trabalhamos, temos nossa família e, assim como os demais, estamos absorvidos, desde a manhã até a noite, em nosso afã por sobreviver na selva da sociedade de consumo.

Tampouco se requer determinada formação cultural, intelectual ou profissional, nem um nível de renda elevado.

Talvez você se pergunte: "Então de que se trata? Se, por um lado, diz-se que é preciso dedicar todo o tempo e, concomitantemente, diz-se que, na prática, não se requer nada especial... Como posso compreender isso?"

De fato, estamos diante de um paradoxo.

Por isso, vamos pedir ajuda aos grandes mestres dos paradoxos, os mestres zen-budistas, mais concretamente ao patriarca budista chinês Huang-Mei, do século VI d.C., que disse:

"Nosso método é a *ausência de todo o método*. O que nós descrevemos como método é, na realidade, a ausência de método. Não precisamos fazer nada especial para chegar à meta; e um método sem nada especial é sempre o verdadeiro método. Isto significa que a aplicação do verdadeiro método é não aplicar nada em especial."

Com esta citação de Huang-Mei encerramos a introdução. Esperamos que os três capítulos deste pequeno livro proporcionem ao leitor uma ideia básica, simples, porém profunda, da natureza do trabalho a que nos referimos.

A escalada da montanha sagrada

A senda que conduz ao despertar espiritual frequentemente tem sido comparada à escalada de uma montanha. Uma poderosa transformação ocorre em quem, partindo de um vale profundo, ascende até o cume dessa Montanha do Espírito. No simbolismo cristão, essa transformação recebe o nome de transfiguração.

Em todos os ensinamentos de sabedoria, em todos os tempos e lugares, e de forma constante, a imagem da *montanha* tem sido utilizada como símbolo do caminho espiritual, e a de seu cume, como símbolo da coroação do processo.

Lugares como o monte Meru, na antiga tradição oriental; o Ararate de Noé; o Horebe ou Sinai, onde Moisés recebeu as Tábuas da Lei; o Tabor, onde Jesus se transfigurou; ou o Monte das Oliveiras e o Gólgota, são montanhas que representam, pelo que sua forma evoca, o mais elevado que o ser humano pode alcançar; e pelas dificuldades próprias de qualquer escalada, os esforços que o caminhante em direção à luz deve empreender.

Em outras culturas, a montanha natural é substituída por um monte artificial, como é o caso das pirâmides egípcias e as da América Central.

Mais próximo de nossa tradição vemos o Montségur, no Catarismo, e Montreal de Sos, na tradição do Santo Graal.

Em João da Cruz também podemos ler sobre o Monte Carmelo, uma alusão à mesma e única realidade: a montanha do Espírito, masculina por sua verticalidade e feminina por sua inviolabilidade.

Existe, contudo, um fator essencialmente esotérico neste símbolo sagrado: a montanha do Espírito está neste mundo, está no meio deste mundo; tem uma estrutura material, e a ascensão até seu cume deve ser realizada por seres vivos. Isto exclui completamente a suposição errônea de que o caminho espiritual é um processo posterior à morte do corpo físico.

A ascensão por meio do caminho espiritual deve começar aqui e agora. Se nossa existência atual chegar ao fim antes de alcançarmos o cume, então será possível prosseguir a escalada nos planos superiores do planeta. No entanto, para isso é necessário que se tenha estabelecido, durante a vida no plano físico, contato sensorial com a meta, mesmo sem atingi-la.

Convém ter presente este axioma de nossa filosofia.

A dupla pirâmide sétupla

Uma escola espiritual também é representada por uma montanha ou uma pirâmide, e no que concerne à escola espiritual moderna da Rosacruz Áurea, falamos de uma dupla pirâmide sétupla, formada por uma estrutura visível e outra invisível, ambas sétuplas.

Poderíamos dizer que, ao ler este livro, você se encontra aos pés da montanha formada pela Escola da Rosacruz, mais concretamente no exterior de sua estrutura sétupla visível.

Por outro lado, como sabemos perfeitamente, as grandes escaladas requerem uma fase prévia importante, formada por:

- preparativos: Não se trata somente de reunir os víveres e provisões necessários, mas também de estar em determinada forma física;
- uma boa informação sobre o percurso, assim como referências de quem já o tenha feito;

- já durante a escalada, a aclimatação adequada, que torna necessário prever diversas paradas intermediárias, antes de se empreender a coroação do cimo.

Tendo apresentado estes símbolos e imagens, observaremos mais concretamente os aspectos preliminares, lembrando que ainda faltam dois capítulos, e somente no final do livro teremos à disposição o conjunto de informações a serem consideradas.

O argumento básico da transfiguração é o seguinte:

Nossa personalidade, isto é, o conjunto dos veículos visíveis e invisíveis que se inter-relacionam no interior de nossa corporeidade material, é o fruto da natureza biológica deste planeta. Tal fruto se expressa nas forças seminais do homem e da mulher, que, por meio de sua união, dão origem ao homem ou à mulher que somos.

É nessa personalidade que encarna a centelha divina, ou seja: o núcleo do ser espiritual. Essa centelha divina é a expressão individualizada da Divindade universal.

Quando a centelha divina encarna na personalidade, manifesta uma força seminal diferente da biológica. Para que essa semente divina possa germinar no ser humano, ela deve entrar em contato com o fluido sanguíneo da personalidade. Esse fluido, contudo, precisa ter um alto nível de pureza e luminosidade.

É impossível que uma pessoa, com uma vida impregnada de cobiças e paixões e com uma conduta desprovida de ética, disponha de um fluido sanguíneo adequado para esse propósito de germinação. E assim ocorre que, na grande maioria das vezes, tal semente não sai da letargia, durante todo o tempo de sua encarnação.

Portanto, trata-se, basicamente, de obter um estado sanguíneo adequado, que permita a germinação da semente do Espírito em nós.

Esta é a primeira fase da transfiguração.

No processo de germinação, quando surge uma nova estrutura de linhas de força extremamente luminosa, vemos no ser humano uma espécie de esfera, cujos pontos de concentração estão magnificamente interconectados.

Imaginemos uma planta com toda a estrutura formada pelo tronco, os ramos, as folhas, as flores e os frutos. Suponhamos que a outra metade da planta, a que está abaixo da terra e que por isso é invisível, seja exatamente simétrica à parte visível já mencionada.

A estrutura mais ou menos esférica, altamente complexa, mas que brota de um único núcleo central – a centelha divina –, forma os sistemas ósseo, nervoso e circulatório de um novo corpo.

O foco desses sistemas está localizado no coração de nosso corpo físico.

Nesse centro confluem ambos os seres em nós: a personalidade natural e o ser espiritual.

Quando uma pessoa se torna consciente de que é um ser duplo e de que, em seu seio, convivem dois focos de vida, um perecível e outro imperecível, ela alcança, então, a segunda fase do processo.

Estas duas fases desenvolvem-se aos pés da Montanha do Espírito. Por conseguinte, a próxima fase, a terceira, implica o início da escalada.

Neste primeiro capitulo, porém, não nos deteremos nos detalhes, pois somente se trata de apresentar uma imagem, uma ideia geral, um panorama de todo o processo de transfiguração.

A terceira fase é uma das mais complicadas, porque o escalador logo descobre que uma coisa é dizer, e outra, muito diferente, é fazer.

Há grande diferença entre a assimilação teórica e a realização prática. Nas duas primeiras fases, o processo transcorreu sem uma participação consciente e ativa. Algo similar ao que ocorre durante a gravidez: na realidade, a mãe não precisa fazer nada especial para que seu bebê se desenvolva normalmente. Quando o bebê nasce, no entanto, tudo muda radicalmente. A interação de ambos os seres em nós ocorre no âmbito do sistema nervoso neurovegetativo e do subconsciente. E isto, em si, tem efeitos notáveis sobre nossa vida cotidiana.

Mas o caminhante não sabe muito bem a origem dos curiosos pensamentos, sentimentos e intuições que surgem em sua consciência sem aviso prévio, e ele considera raros e inusuais, devido ao seu tipo. O caminhante se interessa por coisas de pouca importância para o comum dos mortais e que, além disso, não têm nenhum significado para sua vida material.

Agora, porém, no começo da terceira fase, ele chegou ao acampamento-base ao sopé da montanha, onde um grupo de pessoas pequeno, porém decidido, prepara-se para a ascensão.

Nesse primeiro acampamento, o equipamento é revisado e comprova-se se estão presentes as condições básicas para a escalada.

E, nesta terceira fase, a marcha tem início. O caminho levará, aproximadamente, até a metade da altura da montanha.

A subida não é muito difícil, mas é longa. Os músculos começam a reclamar, os sapatos apertam mais do que supúnhamos; às vezes faz muito frio, e notamos que a roupa não nos aquece o suficiente; outras vezes o calor é forte e não há como evitá-lo. Nessa fase, certo é que somos tomados constantemente pelos seguintes pensamentos e sentimentos:

"Por que me meti nesta confusão? Estava tão bem e tranquilo em minha casa... Além disso, não vejo o cume. O que haverá lá em cima? E se me enganaram? E se tudo isto for mais um embuste?"

Acontece que essa preocupação não é exclusivamente pessoal, pois pensamentos como esses também circulam regularmente entre o grupo dos escaladores principiantes.

Por isso, a terceira fase da escalada é a fase da prova. E quando uma parte do grupo chega, por fim, ao segundo acampamento-base, situado à meia altura, começa a quarta fase.

A quarta fase é a fase intermediária, representa o centro da escada de sete degraus.

Durante a terceira fase, houve intensa depuração dos processos psíquicos relativos ao medo, à dúvida, e à orientação de vida.

Mecanismos que até então estavam completamente sob o domínio do eu pessoal, com todo o conjunto de medos, debilidades e ignorância que configuram nosso egocentrismo, foram removidos por um novo estado anímico.

Se conseguimos chegar ao segundo acampamento-base e, assim, ao início da quarta etapa, é porque soubemos impor limites à nossa interminável atividade analítica, baseada em uma série infinita de conjecturas, e porque desmascaramos uma parte dos medos que mais paralisavam nossa ação.

Também se desenvolveu em nós uma inclinação a ajudar os demais, em particular os que participam conosco da escalada.

Tudo isso permitiu que as duas estruturas corporais em nós se aproximassem bastante, compartilhando desde já alguns circuitos, especialmente o sistema hormonal, muito relacionado com o estado de ânimo e a vitalidade.

Nossa consciência, porém, continua completamente limitada ao âmbito da personalidade natural.

Nestas condições chegamos ao segundo acampamento. Pela primeira vez, sentimos os efeitos da altura. A composição do ar que respiramos é outra.

Uma atmosfera diferente reina neste acampamento. Essa nova atmosfera tem um efeito de freio sobre a frequente agitação interior que nós, como seres humanos, experimentamos habitualmente nos tempos modernos. Ela infunde-nos a necessidade de tomar as coisas com calma, com serenidade.

Surge um espírito mais reflexivo, inclinado a meditar sobre as coisas, a considerá-las com profundidade. As coisas exteriores já não exercem atração tão intensa ou, pelo menos, já não nos chamam a atenção.

A teoria da escalada ficou para trás. Agora é a vez da experiência prática com seus contrastes.

Agora é possível verificar que tudo o que nos ocorreu até este ponto do caminho foi tal como nos explicaram os escaladores mais experientes, antes de iniciar o percurso. Isso nos inclina a ter mais confiança no projeto.

Então acontece algo muito importante.

Em um desses momentos de serena meditação, em que nos encontramos recostados a uma rocha, aparentemente estamos com o olhar perdido nas alturas. Mas, na realidade, nosso olhar está voltado para o interior. É quando as nuvens se afastam e, por breves instantes, avistamos o cimo da montanha.

É um momento fugaz, pois logo as nuvens voltam a abraçar o cume. Duvidamos, e esfregamos os olhos para ter certeza de que não estamos sonhando...

E, efetivamente, não é um sonho.

Por trás das nuvens está, em todo seu esplendor, o cume nevado, com intensa brancura, refletindo irresistivelmente a luz do outro sol, um sol diferente do que conhecemos.

Diante dessa visão, o escalador levanta-se de um salto e gostaria de pôr-se em marcha, de imediato. Os instrutores, contudo, conscientes do que ocorre, dizem-lhe, com o sentido de humor habitual dos escaladores espirituais, que ali em cima não se pode respirar, que ainda deve desenvolver pulmões novos.

Os pulmões têm uma função essencial na vida. E, no sentido esotérico, têm tal significado, que somente para esboçá-lo seria necessário um capítulo inteiro.

O que podemos dizer agora é que eles têm papel essencial em todos os mecanismos de formação da consciência.

Desse modo, na quarta fase, o escalador desenvolve a capacidade de respirar na atmosfera do mundo do Espírito, sem perder a capacidade de respirar na atmosfera habitual deste mundo.

Na quarta fase, desenvolve-se, portanto:

- a percepção do próprio mundo interior e o primeiro vislumbre do cume;
- a estrutura de linhas de força do ser espiritual, que já engloba completamente a personalidade biológica e mantém intensa interação com ela. Mesmo que o sistema cerebrospinal e os processos da consciência ainda continuem sendo pouco receptivos a essa influência espiritual, essa primeira percepção do cume foi como um terremoto para o entrelaçado

das certezas intelectuais; o "sei que nada sei" começa a estabelecer-se como atitude, e verifica-se uma dissolução efetiva do núcleo da vaidade humana natural.

Também começa a se desenvolver intenso sentimento de solidariedade com os que ainda estão vagando pelo vale, sem orientação nem guia. A pessoa lembra-se do passado e verifica as profundas mudanças ocorridas no próprio ser, embora tenha realizado somente a metade da escalada. Vêm à mente numerosas ideias de como ajudar; nasce a misericórdia espiritual. Quando todos esses processos – e mais alguns, que no momento deixamos de mencionar – alcançaram determinado ponto de maturidade, soa o convite para começar a quinta etapa.

Essa etapa é a essencial, pois deve-se atravessar completamente o anel de nuvens e chegar ao acampamento-base seguinte, o terceiro.

Como é lógico, tal acampamento não é visto por quem está no segundo; tampouco se vê muito bem o caminho que conduz a ele.

A indicação seguinte é que não existe um caminho claramente traçado, pois as condições o impedem. Caminhos que certa vez foram traçados, hoje estão cobertos de neve; outros estão repletos de pedras.

Além disso, durante a travessia por essa zona cheia de nuvens e de escassa visibilidade, é muito frequente desabar uma tempestade, o que muitas vezes obriga o escalador a modificar a senda.

De nada servem ideias fixas, e é preciso improvisar com base nos valores conquistados até então. E o mais importante é manter contato visual com os companheiros de escalada, porque isolar-se ou perder-se, nesta fase, pode ser fatal.

Esta quinta fase foi descrita na Idade Média como "a busca do Santo Graal".

É uma fase de grande esforço, de combate, de ir até o limite de nossas possibilidades.

O Castelo do Santo Graal é o acampamento-base seguinte (como dissemos, o terceiro). A espessa camada de nuvens, na prática, atua como intensa névoa, na qual afluem a nós todas as ilusões, todos os fantasmas que abrigamos no inconsciente.

Ali nos cabe lutar contra eles, como um autêntico cavaleiro da Távola Redonda.

Esta etapa – certamente você mesmo já deduziu – está relacionada à abertura do sistema nervoso cerebrospinal e sua integração ao processo de transfiguração.

Por isso, em dado momento, o escalador chega ao acampamento seguinte e ali recebe a coroa, isto é, todo o sistema cerebral se abre à luz, é banhado por ela, e os dois seres de antes transformam-se em um só.

O ser natural da personalidade e o ser espiritual que surgiu da centelha divina fundiram-se em um único corpo.

A morte foi vencida, o escalador é um ser livre.

A respeito da sexta e sétima etapas da escalada não forneceremos detalhes, porém, algo fundamental: o trabalho nestas duas etapas tem relação com uma ajuda muito especial para todos os seres humanos que estão no vale.

Como dissemos no início, o caminho quíntuplo da Gnosis Universal é realizado com a chegada ao terceiro e último acampamento-base, na coroação da quinta etapa.

A partir desse acampamento não é difícil ascender ao cume, no entanto, como bem compreenderemos, não se trata de permanecer nele.

A título de resumo, ao final deste capítulo, diremos o seguinte: a forma interior, a estrutura e a configuração da personalidade foram transformadas, transmutadas, transfiguradas ao longo dos processos da escalada, até chegar ao outro lado da camada de nuvens.

Para os demais, essa pessoa continua sendo a mesma, aparentemente, mas em seu interior há inúmeras diferenças; todas elas muito sutis, mas nem por isso deixam de influenciar todos os processos vitais e da consciência.

II
A LUZ ENCARNA NO SER HUMANO

Introdução ao capítulo II
A luz encarna no ser humano

No capítulo anterior, esboçamos um panorama geral do processo, utilizando, para isso, o exemplo da montanha e dos escaladores.

Embora tenhamos tocado em pontos fundamentais do método de trabalho da Rosa-Cruz, temos certeza de que as explicações apresentadas não foram, de forma alguma, suficientes para captar as características essenciais do processo de transfiguração.

Expusemos os aspectos individuais do tema, centrando-nos nos dois seres que coexistem na personalidade: o ser biológico e o ser espiritual, procedentes de diferentes naturezas e forças seminais.

No segundo capítulo daremos mais um passo, para confrontar a dimensão cósmica e sua contraparte no plano das radiações e estruturas atômicas.

A luz sempre foi um símbolo recorrente para representar a ação das forças divinas.

Entretanto, a ciência moderna está descobrindo que esse símbolo é, mais precisamente, a própria realidade.

Por isso, apresentaremos alguns elementos científicos que, além de servir para ilustrar nosso tema, também o legitimarão.

A transfiguração ou metamorfose

O cume da montanha não pode ser percebido estando-se no vale. É impossível, pois sempre está rodeado por uma espessa camada de nuvens. Essas nuvens representam nossa própria vida de desejos e emoções, de pensamentos limitados e baseados em suposições e conjecturas. Por isso, o esforço para purificar a vida de pensamentos e sentimentos é, em si, a escalada da montanha, e à mesma medida em que se dissipam as sombras, o cume se vislumbra no alto em toda sua majestade. E, no cimo, a luz do Espírito une-se com a própria luz que emana do caminhante.

Como já dissemos, o método da Rosa-Cruz é a transfiguração. A palavra transfiguração não aparece no Antigo Testamento. Ela aparece somente duas vezes nos evangelhos, concretamente no capítulo 17 do Evangelho de Mateus e no capítulo 9 do

Evangelho de Marcos. A palavra que figura no original grego dos evangelhos é *metamórphosis*. Na tradição grega, essa palavra era utilizada para descrever o processo pelo qual os deuses "se transfiguravam" em homens, para poder estar entre eles, para tornarem-se visíveis ou para conseguir seus objetivos. Certas vezes adotavam a forma humana para entrar em contato com os homens, outras vezes apareciam sob a forma de animais ou, até mesmo, sob a forma de um lago ou rio.

Nessas metamorfoses, vemos que a identidade essencial desse deus ou deusa é coberta por uma forma, com determinada aparência, que não afeta a sua natureza essencial.

Na natureza vemos muitos tipos de metamorfoses. As mudanças de estado pelas quais a água passa, conforme a temperatura, podem ser consideradas como metamorfoses. Há, porém, exemplos de impacto muito maior. Um deles, utilizado em profusão pelos cátaros, durante a Idade Média, é o da lagarta que se transforma em borboleta. Verdadeiramente esta é uma comparação muito adequada para o tema da transfiguração, pois o fato de um ser terrestre transformar-se em um ser aéreo fornece uma imagem muito direta do homem celeste. Além do mais, esse é um fenômeno da natureza facilmente observável. Portanto, como vemos, transformações como essas não são estranhas à vida comum, e ninguém as rotularia de milagrosas.

Mas também há lendas que aludem à transfiguração, como a tão conhecida história da Bela e a Fera, ou a do sapo que se transforma em príncipe, graças ao beijo de uma donzela. A bela e a donzela são símbolos da alma imortal que, com a força de seu amor, transfigura o homem terreno.

Todas essas representações, esses mitos e lendas falam de um processo real, que nada tem de milagroso.

Na metamorfose espiritual a que nos referimos neste livro, precisamente a forma externa – nossa aparência corporal – não é muito afetada pelo processo, ou, pelo menos, as mudanças ocorridas são tão suaves, que somente alguém que há vários anos estivesse sem entrar em contato conosco poderia chegar a percebê-las.

Por que, então, falar de transformação, quando, na realidade, a forma não muda?

Certamente já vimos vários edifícios com fachadas antigas e emblemáticas, que são demolidos por dentro e completamente transformados em um prédio moderno, sem que a fachada mude radicalmente.

A forma exterior, isso a que denominamos "nosso corpo", na realidade, é uma ilusão de óptica. Nosso cérebro não pode captar a verdadeira forma das coisas, sua estrutura real.

No plano de vida em que transcorre nossa existência, a matéria tem uma frequência vibratória muito baixa, e isso faz com que ofereça maior resistência à passagem da luz, dando origem às cores e às sombras que aqui conhecemos.

Além disso, os sentidos captam somente uma gama muito limitada de frequências; isso faz com que apenas pequenos "retalhos" cheguem a nosso cérebro, impressões fragmentadas da realidade circundante.

Com base nesses fragmentos, a humanidade foi edificando uma imagem do mundo, ao longo de milênios. Essa imagem do mundo vem sendo transmitida de pais para filhos, de múltiplas formas, o que implica uma codificação bastante condicionante, estabelecida muito antes de fazermos uso da razão.

Com base nisso, os cientistas modernos afirmam que a realidade percebida por nós é o resultado da projeção da nossa própria consciência sobre nosso entorno, sobre o universo que nos cerca.

Somente as mentes mais brilhantes conseguem romper essa rede de condicionamentos, mediante o emprego de uma energia pessoal incrivelmente potente, uma forte tenacidade e, é claro, potentes instrumentos, logrando estabelecer novos conceitos sobre o comportamento da matéria no universo e suas relações espaciais e temporais.

Tudo isso demonstra o que os iluminados de todas as épocas têm afirmado, ou seja, que a realidade captada por meio dos nossos sentidos é uma ilusão.

Se tivéssemos nas mãos uma semente de carvalho e a mostrássemos a alguém, dizendo-lhe: "Veja que belo carvalho tenho aqui", logo seríamos corrigidos por nosso sagaz interlocutor. No entanto, a frase seria exata se percebêssemos essa semente com os "olhos" de um ser humano que tivesse percorrido o caminho da transfiguração, pois para ele ou ela, o "passar do tempo" tem um significado muito diferente. Afinal, o que separa uma semente da árvore já plenamente crescida, não é outra coisa senão o "passar do tempo".

O mistério das radiações

As ideias preliminares foram necessárias para centralizar nosso tema, uma vez que, em nós, estão ativas muito mais forças e radiações do que somos capazes de perceber. Não nos referimos apenas às que vemos ou ouvimos, pois há outras, como os raios ultravioleta, que não vemos, porém se fazem notar, já que podem queimar-nos a pele. Referimo-nos a forças e radiações de que não temos nem notícia, mas que existem e atuam de maneira constante.

Para facilitar nossa exposição é imprescindível simplificar. Por isso, falaremos de dois grupos de energias e radiações, conforme sua origem.

Um grupo é formado por forças e radiações procedentes de nossa biosfera, inclusive as procedentes de seu exterior, mas que se alteraram ao atravessar a atmosfera, o que provoca uma drástica redução de sua intensidade. Felizmente, devemos dizer, pois do contrário estaríamos todos mortos!

O outro grupo de radiações e forças procede de uma dimensão planetária diferente, quase poderíamos dizer: de um universo paralelo, que compartilha o mesmo espaço com o universo perceptível.

Este último grupo está configurado em determinada fórmula espaço-temporal, da qual somente somos capazes de captar as três dimensões espaciais e a temporal.

A ciência atual considera o tempo como a quarta dimensão. Nós preferimos dizer que o tempo e o espaço não podem ser separados de forma alguma e, por isso, o tempo está implícito nas três dimensões espaciais. Essa é a razão de dizermos, em determinado contexto, que o *outro* universo mencionado é um espaço-tempo contínuo, com base em uma fórmula de quatro dimensões espaciais. Nesse outro universo, o tempo comporta-se de maneira radicalmente diferente.

Pois bem, cedo ou tarde, toda a humanidade deve passar para essa outra dimensão da existência. A passagem de um universo a outro, porém, não implica que nos "desloquemos" para lá, "deixando" este plano. Pois, como provavelmente sabemos, em nosso planeta, neste exato momento, vive grande quantidade de espécies animais, de fato, em um universo diferente do nosso, cuja fórmula espaço-temporal baseia-se em duas dimensões. Os animais não têm a menor noção de tempo.

Não obstante, nós – homens e animais – percebemo-nos mutuamente, ainda que, obviamente, não nos entendamos. Ou pelo menos nós não os entendemos...

É completamente verossímil que neste mesmo espaço, neste mesmo planeta, haja pessoas que já se encontrem existencialmente em um universo tetradimensional e compartilhem conosco o mesmo espaço físico.

Portanto, estamos falando aqui de um processo de salto evolutivo qualitativo, que está prestes a acontecer, embora de forma muito lenta, como todas as coisas na natureza.

No mundo, contudo, há cada vez mais pessoas, nas quais se percebem elementos de configuração psíquica próprios dessa futura fase, que, às vezes, vivem de maneira dramática, devido a sua incapacidade de adaptar-se à norma dominante. Nós nos referimos às crianças índigo, quark[1] e outras.

Pois bem, uma escola espiritual somente pode surgir e desenvolver-se quando é capaz de estabelecer um túnel de luz entre esses dois universos paralelos e fazer com que esse túnel seja *transitável* em ambos os sentidos.

Ao mesmo tempo, porém, é preciso dispor de uma estrutura protegida, para que as forças e radiações que afluem do outro universo ao nosso não se derramem, sem mais nem menos, na biosfera de nosso planeta, mas sejam, por assim dizer, "humanizadas" pelo grupo de colaboradores que compõem a escola.

Eis a montanha!

A montanha sagrada é o túnel de luz e, ao mesmo tempo, a escada que permite a uma pessoa nascida nas condições do plano de existência tridimensional escalar esse túnel até chegar ao sétimo degrau, que é a porta de acesso ao outro plano de existência tetradimensional.

1 Termo que designa crianças com alta inteligência, percepção e sensibilidade, que estão nascendo atualmente (N. E.).

Essa travessia não é uma viagem física, nem uma viagem astral ou mental. Tampouco possui a menor relação com a passagem de um falecido para o reino dos mortos.

Essa travessia é uma série sucessiva e permanente de transfigurações e consolidações, que permite a metamorfose de um ser humano procedente do mundo tridimensional em um cidadão do mundo tetradimensional.

Esse mundo é denominado, nos círculos religiosos, o "reino dos céus" ou "a morada do Pai, onde há muitas moradas" e, na tradição budista, como o estado de ser do Nirvana.

Tal processo permanente de transformação interna incide em todos os fluidos e órgãos da personalidade biológica, mas muito especialmente nos três fluidos fundamentais: o fluido sanguíneo, o fluido nervoso e o fluido hormonal.

O fator condutor de todo o processo está encerrado no mistério da luz.

Dissemos anteriormente que a luz percebida por nós é, na realidade, um fenômeno refletido e muito polarizado, devido à resistência dos estados da matéria de nossa biosfera.

No entanto, há uma luz procedente da outra dimensão da existência, que habitualmente recebe o nome de *Espírito* e, no cristianismo, *Espírito Santo.*

É uma luz pura, sem sombra nem diminuição, portadora de uma informação muito diferente da informação transportada pela luz terrestre.

Por isso, ela é a luz da Sofia, a luz da Sabedoria, que, ao encontrar o espelho adequado, pode refletir nele seu plano libertador.

Provavelmente já lemos ou ouvimos a expressão "alma de diamante", proveniente da tradição oriental. Novamente estamos diante de uma imagem que pode parecer meramente poética, pois, com efeito, o diamante é um cristal resistente e, ao mesmo tempo, de pureza extraordinária.

Contudo, o diamante também é o produto de uma transfiguração.

É fato sabido que o carbono é o elemento essencial da vida orgânica; sem carbono não há vida. Ele é encontrado no reino mineral sob a forma de grafite. É um mineral muito conhecido, negro e muito macio. A estrutura molecular do grafite é hexagonal, bidimensional, daí provém sua fragilidade.

Pois bem, o diamante também é carbono, mineral puro, e sua diferença essencial em relação ao carvão é que seus átomos estão agrupados em moléculas na forma de tetraedro, isto é, quatro triângulos equiláteros, organizados conforme as três dimensões do espaço.

Vê-se aqui, claramente, como as mesmas substâncias, estruturadas segundo um plano dimensional diferente, adquirem propriedades e qualidades muito diferentes!

Assim, podemos deduzir que a luz divina precise que nossa estrutura atômica pessoal seja transfigurada conforme um plano arquitetônico diferente, para que em nós surja a alma de diamante, o puro espelho da Sofia, de modo que a refração resultante abra uma gama cromática completamente nova, dando lugar a novas formas e novas funções.

O espelho é também a consciência humana transformada por esse processo, resultante de um estado de alma imortal.

Portanto, quando essa luz toca o caminhante e pode nele encarnar, é possível empreender a fase final da escalada e triunfar sobre a morte.

O ponto de concentração dessa luz é a zona cerebral da hipófise, que, como sabemos, é um elemento essencial de interconexão entre o sistema hormonal e o sistema nervoso. A partir deste foco são enviadas a todo o organismo as instruções necessárias para abrir o sistema celular às novas substâncias.

É assim que se constrói o novo corpo do ser humano imortal.

Concluímos este capítulo dizendo que as atividades da Escola Espiritual da Rosacruz Áurea se desenvolvem no interior desse sistema transformador sétuplo, de modo que os alunos sempre recebem as forças e radiações procedentes do outro plano de existência, cada qual em virtude de sua própria realização pessoal.

Deste modo, ninguém recebe mais do que precisa, nem tampouco menos.

Isto é garantido por um sistema baseado no próprio magnetismo pessoal e, portanto, não está sujeito a decisões arbitrárias de pessoas.

Em suma: quem se eleva a determinado ponto da montanha, por esforço próprio, recebe as forças correspondentes a esse ponto da montanha, forças essas que não estão ativas simplesmente um metro mais abaixo, por assim dizer.

Certos de que, um dia, todos os seres humanos terão consumado sua própria metamorfose, os colaboradores da Rosacruz Áurea esforçam-se para ver em cada semente, hoje mesmo, a árvore completa de amanhã.

III
SOMENTE A LUZ CONDUZ À VIDA

Introdução ao capítulo III
Somente a luz conduz à vida

Recordemos que, no primeiro capítulo, tudo girou em torno da Montanha do Espírito e sua escalada, da necessária preparação e aclimatação às condições do Espírito e do papel da escola espiritual como estação transformadora e transmutadora das forças divinas, autêntico seio materno para a gestação de almas.

No segundo capítulo, aproximamo-nos timidamente do mistério das radiações, tentando tornar compreensível o seguinte: o que se denomina mundo divino, na Doutrina Universal, é um plano universal regido por menos leis que o nosso mundo. Elas, porém, são muito mais potentes em seus efeitos, portanto, qualquer deficiência em seu cumprimento acarretaria sérias consequências.

Nessa dimensão superior da existência, espaço e tempo são experimentados de maneira radicalmente distinta de como os percebemos aqui, e vive-se a vida em plenitude inextinguível. Por isso se afirma que, na realidade, o mundo divino é *a própria vida*. Partindo-se do ponto de vista dessa vida, nossa existência aqui mais se assemelha a um cemitério... Daí místicos como Jacob Boehme definirem nosso mundo como a "natureza da morte".

A luz desse plano espiritual é de vibração e intensidade muito elevadas, e praticamente não encontra resistência. Assim, tudo ali é instantâneo, o que dá origem à sensação de onisciência. Não que esse plano seja o final da nossa viagem universal, nem que ali já se saiba tudo e se possa tudo. Porém, a imediaticidade com que cada pergunta encontra reposta gera a sensação de saber-se tudo, ainda que esse não seja o caso.

Dizíamos também que a ideia de "entrar no mundo divino" e, portanto, "sair deste mundo atual", não alude a um fenômeno de deslocamento no espaço nem no tempo. Essas seriam imagens lineares, resultantes da projeção de nossos atuais conceitos espaço-temporais.

Quem irrompe, pela transfiguração, na quarta dimensão – tal como também denominamos esse novo "céu-terra" de que fala o Apocalipse de João – continua presente entre nós, participando do mesmo espaço, pois o espaço universal é o mesmo para todos os universos paralelos.

Contudo, sem possuir os órgãos corporais adequados – frutos da transfiguração – e sem dispor da correspondente consciência de Mercúrio ou da "alma-espírito" – fruto da encarnação do Logos no ser humano preparado pela transfiguração –, esse novo céu-terra não pode ser percebido nem experimentado como vivência, e, portanto, na realidade, nem sequer poderia ser compreendido.

Mesmo assim ele está aqui, mais próximo de nós que nossas próprias mãos.

Neste terceiro capítulo, adentraremos o tema da transfiguração com base no simbolismo cristão, o que nos parece importante por duas razões de muito peso.

Em primeiro lugar, o cristianismo esotérico – não o teológico, próprio das instituições eclesiásticas – é a base e a raiz da espiritualidade ocidental e, a nosso ver, é a revelação adequada à atual etapa do desenvolvimento humano.

As imagens-pensamentos desta corrente espiritual estão fortemente integradas em nossa mentalidade e em nosso sangue, e precisam ser extraídas do mundo inconsciente e elevadas ao plano da consciência lúcida. Se não se faz este trabalho de depuração e vivificação, os esquemas religiosos acabam por germinar, por fermentar e, cedo ou tarde, bloqueiam o desenvolvimento da alma-espírito.

Em segundo lugar, como Escola da Rosacruz Áurea, sentimo-nos no dever de recolher a herança da Rosa-Cruz como impulso surgido no âmbito do cristianismo, com a finalidade de demonstrar que, por trás desse impulso, se encontra a mais pura das tradições espirituais do longínquo passado: o corpo da doutrina hermética, que se incorporou ao cristianismo através da tradição helênica, por um lado, e de determinados grupos gnósticos no âmbito alexandrino, por outro.

Para o propósito deste livro, não seria problema algum utilizarmos, por exemplo, o simbolismo hindu, taoista, budista ou islâmico. No entanto, como expusemos anteriormente, o conceito de transfiguração é mencionado, de forma muito explícita, nos evangelhos cristãos, e queremos ser fiéis à sua origem.

É muito curioso que Lutero, ao traduzir e revisar a Bíblia, não tenha sido fiel ao termo transfiguração, tendo-o mudado para "esclarecimento" ou "iluminação", embora o termo grego *metamórphosis* não tenha a menor relação com uma iluminação.

Assim, notamos quão necessário é contribuir para a depuração dos textos que configuram nossa tradição espiritual, livrando-os de todas as alterações e interpretações feitas por teólogos de diferentes orientações ao longo dos séculos. Por si só, elas expressam que muitos desses teólogos careciam por completo de intuição espiritual, apesar de sua capacidade intelectual.

Adentremos, pois, a mensagem oculta nos evangelhos.

Materializar o campo de luz e força do Espírito universal

Para aprender a nadar é preciso entrar na água. Qualquer ensinamento teórico que ignore o fato de que não se faz um verdadeiro aprendizado sem entrar em contato imediato com a matéria estudada, está irremediavelmente fadado ao fracasso. Por isso, para conquistar-se a vida do Espírito é preciso viver a vida do Espírito. Somente a luz conduz à luz; somente a vida conduz à vida.

O título deste capítulo, "somente a luz conduz à vida", tem uma intenção muito precisa. Por um lado significa, em um contexto comum, que "somente se pode aprender a nadar na água". E por outro lado, em sentido espiritual, que "os meios e o fim devem ser uma unidade e estar em sintonia". Como se sabe, uma das corrupções éticas que mais estragos fizeram e continuam fazendo em nosso mundo moderno é o famoso lema atribuído, entre outros, a Maquiavel: ”O fim justifica os meios.”

Não analisaremos esse assunto nem contemplaremos seus terríveis efeitos, porque isso nos afastaria do tema, mas o evocamos para dizer: não se pode ir até a luz aplicando-se os métodos da escuridão.

A linguagem utilizada nos evangelhos cristãos tem duas características básicas: por um lado, pretende instruir o conjunto dos fiéis de forma simples, enfatizando, sobretudo, a mensagem de bondade e amor; por outro lado, é uma linguagem extremamente velada, devido ao uso de expressões impenetráveis para a lógica comum.

A esse respeito, um exemplo notável é a passagem em que Jesus Cristo condena uma figueira a secar por não dar figos, embora se diga claramente que não era a época de figos. É obvio que esse trecho encerra uma mensagem muito secreta. Outras frases aparentemente claras, mas que não o são, dizem:

“Eu sou o caminho, a verdade e a vida.”

“Ninguém vem ao Pai senão por mim.”

“Enquanto estou no mundo, sou a luz do mundo.”

Estas expressões são bastante estranhas, se aplicadas a uma pessoa. Contudo, se nos esforçamos para imaginar Jesus Cristo como a Montanha do Espírito, isto é, como o conjunto de forças-luzes e radiações procedentes do mundo divino e atualizadas por meio de uma escola espiritual, seja ela escola de mistérios ou centro de iniciação, então essas palavras mudam completamente de significado.

Quando, em determinado momento e lugar, se consegue materializar o campo de luz e força do Espírito universal – por assim dizer –, até dar forma ao túnel de luz e à escada da libertação, sobre a qual falamos nos capítulos anteriores, essa situação especial não dura indefinidamente. Por isso, aos candidatos ali reunidos indica-se muito claramente que devem aproveitar o tempo em que a luz brilha tão próxima a eles.

Essa luz é o caminho, pois o processo de ascensão à montanha é realizado seguindo-se os raios de luz que emanam do cume. Nesses raios de luz circula a Sabedoria Divina, que é a única verdade, e essa luz é a própria vida, pois vivifica, vitaliza todos os fluidos de nossa alma e logo os transfigura plenamente.

Somente assim pode-se chegar ao Pai, que como sabemos pelo Evangelho de João, é o Logos, a Palavra, o Verbo, isto é, a força criadora do universo.

Citamos, em continuação, as passagens do Evangelho de Mateus, extraídas do capítulo 17, que se relacionam com o que queremos transmitir:

"Seis dias depois, tomou Jesus consigo a Pedro, e a Tiago, e a João, seu irmão, e os conduziu em particular a um alto monte" – o Tabor. "E transfigurou-se diante deles; e o seu rosto resplandeceu como o sol, e as suas vestes se tornaram brancas como a luz.

E eis que lhes apareceram Moisés e Elias, falando com ele.

E Pedro, tomando a palavra, disse a Jesus: 'Senhor, bom é estarmos aqui; se queres, façamos aqui três tabernáculos, um para ti, um para Moisés, e um para Elias'.

E, estando ele ainda a falar, eis que uma nuvem luminosa os cobriu. E da nuvem saiu uma voz que dizia: 'Este é o meu amado Filho, em quem me comprazo; escutai-o'.

E os discípulos, ouvindo *isto,* caíram sobre os seus rostos, e tiveram grande medo.

E, aproximando-se Jesus, tocou-lhes, e disse: 'Levantai-vos, e não tenhais medo'.

E, erguendo os olhos, ninguém viram senão unicamente a Jesus.

E, descendo eles do monte, Jesus lhes ordenou, dizendo: 'A ninguém conteis a visão, até que o Filho do homem seja ressuscitado dentre os mortos'.

E os seus discípulos o interrogaram, dizendo: 'Por que dizem então os escribas que é mister que Elias venha primeiro'?

E Jesus, respondendo, disse-lhes: 'Em verdade Elias virá primeiro, e restaurará todas *as coisas*;

Mas digo-vos que Elias já veio, e não o reconheceram, mas fizeram-lhe tudo o que quiseram. Assim farão eles também padecer o Filho do homem'.

Então entenderam os discípulos que lhes falara de João Batista."

Essa passagem é de extraordinária importância. Não somente por falar claramente do ensinamento da reencarnação, que era muito comum entre os primeiros cristãos, bastante influenciados pelas doutrinas de Pitágoras, mas também porque descreve a transfiguração de uma maneira completamente esotérica, ainda que pareça uma simples narração.

Por isso, vamos decifrá-la por partes.

Em primeiro lugar, vejamos quem sobe a montanha. Jesus Cristo é acompanhado por Pedro, Tiago e João. Estes três apóstolos significam algo muito particular.

Pedro é conhecido como um homem de cunho autoritário, dotado de enorme energia. Firme como rocha, embora, às vezes, essa rocha cambaleie. Neste contexto, Pedro simboliza a força de vontade de quem enceta a escalada da montanha.

A vontade é a força essencial que sustenta todas nossas decisões e intenções e, justamente por isso, não costuma ser muito inclinada a permitir modificações mediante o raciocínio ou as emoções. É a firmeza do "sim" e do "não", de forma seca. Pois o candidato sabe que, uma vez começado o processo de escalada, qualquer vacilo conduz ao fracasso.

João, entretanto, é o discípulo mais próximo ao coração de Jesus. É, por excelência, o místico na Gnosis. E, por isso, simboliza, aqui, a potência do coração. Pois se Jesus representa o novo estado de alma nascido no coração, como consequência da encarnação do Verbo, é precisamente o santuário do coração que envolve e abraça essa nova força de luz. Daí sua proximidade com Jesus.

João representa, assim, toda a vida de nossos sentimentos e anelos.

O salmista descreve maravilhosamente o estado do coração do caminhante, quando diz no Salmo 42: "Como o cervo brama pelas correntes das águas, assim suspira a minha alma por ti, ó Deus! A minha alma tem sede de Deus, do Deus vivo..."

E no Salmo 121: "Elevo os meus olhos para os montes, de onde me vem o socorro."

E temos também Tiago, apóstolo que representa a cabeça, a capacidade racional. É o aspecto reflexivo, ou melhor, silencioso e discreto, que participa de todo o processo, mas que, de momento, não diz nada.

Esses três discípulos, Pedro, João e Tiago, em sua unidade, formam os três centros do ego humano. Porém, não de um ego qualquer, mas sim de uma personalidade que decidiu seguir sua alma pessoal (seu Jesus) pelos caminhos da libertação, até onde ela a conduza.

A alma, a luz interior, guia o candidato triplamente ativo na escalada da montanha.

E assim chegam, pela primeira vez, ao cume.

Então, Jesus "transfigurou-se diante deles; e o seu rosto resplandeceu como o sol, e as suas vestes se tornaram brancas como a luz".

No alto do Tabor, a luz manifesta-se em todo seu esplendor, sem véus ou entraves.

E os três discípulos podem vê-la! Veem a realidade da alma (o rosto iluminado) e veem as vestes de luz da alma ("e as suas vestes se tornaram brancas como a luz"). E ante seus olhos atônitos veem aparecer Elias e Moisés.

Estas duas figuras representam, aqui, a Fraternidade Universal dos Renascidos, aqueles que seguem ativos em nosso plano de vida, em prol de todos os que ainda não encontraram a luz das luzes.

A alma imortal (Jesus Cristo) conversa com Elias e Moisés, mas os discípulos não ouvem, não entendem o que eles falam. Tampouco entendem por completo o que está acontecendo e, por isso, propõem levantar ali mesmo um acampamento.

Para aumentar sua conturbação, de repente, "eis que uma nuvem luminosa os cobriu. E da nuvem saiu uma voz que dizia: 'Este é o meu amado Filho, em quem me comprazo; escutai-o'."

A voz do Espírito faz-se presente, a manifestação da mônada na alma, fazendo desta uma alma-espírito. A alma (Jesus) une-se com seu Pai (o Espírito), e aparece a alma-espírito, ou seja, Jesus torna-se Jesus Cristo.

Os discípulos pensam que já chegaram à meta, contudo Jesus lhes diz para seguirem-no de novo ao vale, e eles, claro, seguem-no, porque o processo ainda não foi concluído. O que ocorreu no cimo do monte Tabor foi a transfiguração da alma, e agora o que há de se realizar é a transfiguração do corpo.

Isto é, os três discípulos também devem transfigurar-se. Não se trata de que somente a alma se transfigure, senão que também o faça o homem pessoal, com seu ego tríplice. E isso deve fazê-lo guiado pela própria luz, que agora encarnou, incorporou-se ao sistema da personalidade.

A partir desse momento, Jesus Cristo assume todo o trabalho de libertação e João Batista, o precursor, retira-se. (Consta que ele foi decapitado, porque, na realidade, a alma-espírito ocupa agora a cabeça do sistema humano).

O candidato, testemunha da encarnação da luz, assume agora seu trabalho no vale.

Todo o processo de transfiguração da personalidade é, na realidade, um processo alquímico de transmutação: os metais densos são transmutados em metais nobres, o chumbo é transformado em ouro. Ao mesmo tempo, o candidato aprende a preparar o elixir da vida, a força vital curativa de almas.

Somente quem serve ao próximo, esquecendo-se a si mesmo, consegue neutralizar a força de gravidade da matéria densa e toda inclinação egocêntrica, pois a grande tentação sempre será a mesma: querer a luz para si próprio, querer retê-la ("Senhor, bom é estarmos aqui; se queres, façamos aqui três tabernáculos, um para ti, um para Moisés, e um para Elias").

Essa, no entanto, não é a intenção da luz.

A vida divina quer propagar-se, quer compartilhar, quer entregar-se, pois a vida divina é o amor, e o amor é a chave da liberdade. É o amor que dá, sem nada esperar em troca, e neste dar está oculta a realidade da transfiguração. Pois, que outra coisa é a transfiguração senão dar o velho para que nasça o novo?

Tanto nossa natureza, como a natureza divina, não aceitam o vazio e, portanto, sempre tendem a preencher os espaços. Por isso, quando ao escalar a montanha, o escalador consegue esvaziar-se de todas as cobiças e desejos da vida na matéria, a natureza da luz preenche esse vácuo com luz.

A luz conduz à luz.

A vida dá vida.

O caminho é a meta.

E assim, cada passo, cada fase de nossa existência, é uma vivência completa da transfiguração, que nos conduz, pouco a pouco, sem forçar nem coagir, por um percurso sétuplo em espiral, até que, um dia, tudo isso alcance sua plenitude em outro monte: o Gólgota.

Do tríplice processo alquímico que se realiza nesse "monte do crânio" (Gólgota), no topo da cabeça, surge o corpo de luz sem máculas, o corpo imortal.

Esse corpo pode manifestar-se em todas as dimensões do espaço e do tempo, e realizar, desse modo, todas as obras da luz em tudo e em todos.

Essa é a meta. E esse é o caminho.

A luz conduz à vida.

Conclusões

O tema que abordamos neste livro é de grande importância para a Escola Espiritual da Rosacruz Áurea, e é a primeira vez que o expomos, de forma tão clara, ao público em geral.

Ao fazê-lo, estamos conscientes de entregar-lhe um pequeno tesouro, fruto do trabalho de ideação da Escola da Rosacruz Áurea durante muitas décadas.

Em nenhum momento pretendemos ser exaustivos; em vez disso, mostramos um quadro impressionista. Somente da perspectiva da alma é que ele adquire contornos, formas e imagens claras.

Se nos aproximarmos muito com o olhar intelectual, veremos que essas imagens e ideias se perdem, diluem e, em seu lugar, encontraremos apenas pontos desconexos.

Para tomar água com as mãos, é preciso formar uma concha com elas; não se pode tentar agarrá-la: ela sempre escorregará por entre os dedos.

Se contribuímos para que se compreenda melhor o trabalho da Escola Espiritual, então damo-nos por plenamente satisfeitos.

Nossa única esperança é que todos os seres humanos caminhem na luz, o mais breve possível, porque essa é a única verdadeira solução para todos os problemas planetários.

Enquanto isso não se realizar, este vale da existência será um vale de lágrimas e sofrimento, e pessoa alguma conseguirá ser feliz, mesmo tendo de tudo, se quem a rodeia estiver na miséria.